海上絲綢之路基本文獻叢書

# 海運志

〔明〕王宗沐 撰

文物出版社

圖書在版編目（CIP）數據

海運志 /（明）王宗沭撰. -- 北京 : 文物出版社，2022.6
（海上絲綢之路基本文獻叢書）
ISBN 978-7-5010-7517-1

Ⅰ. ①海… Ⅱ. ①王… Ⅲ. ①海上運輸－交通運輸發展－中國－明代 Ⅳ. ①F552.3

中國版本圖書館 CIP 數據核字（2022）第 068058 號

海上絲綢之路基本文獻叢書
海運志

著　　者：〔明〕王宗沭
策　　划：盛世博閱（北京）文化有限責任公司

封面設計：鞏榮彪
責任編輯：劉永海
責任印製：張　麗

出版發行：文物出版社
社　　址：北京市東城區東直門内北小街2號樓
郵　　編：100007
網　　址：http://www.wenwu.com
郵　　箱：web@wenwu.com
經　　銷：新華書店
印　　刷：北京旺都印務有限公司
開　　本：787mm×1092mm　1/16
印　　張：12.625
版　　次：2022年6月第1版
印　　次：2022年6月第1次印刷
書　　號：ISBN 978-7-5010-7517-1
定　　價：90.00圓

# 總緒

海上絲綢之路，一般意義上是指從秦漢至鴉片戰争前中國與世界進行政治、經濟、文化交流的海上通道，主要分爲經由黄海、東海的海路最終抵達日本列島及朝鮮半島的東海航綫和以徐聞、合浦、廣州、泉州爲起點通往東南亞及印度洋地區的南海航綫。

在中國古代文獻中，最早、最詳細記載『海上絲綢之路』航綫的是東漢班固的《漢書·地理志》，詳細記載了西漢黄門譯長率領應募者入海『齎黄金雜繒而往』之事，書中所出現的地理記載與東南亞地區相關，并與實際的地理狀况基本相符。

東漢後，中國進入魏晋南北朝長達三百多年的分裂割據時期，絲路上的交往也走向低谷。這一時期的絲路交往，以法顯的西行最爲著名。法顯作爲從陸路西行到印度，再由海路回國的第一人，根據親身經歷所寫的《佛國記》（又稱《法顯傳》）一書，詳細介紹了古代中亞和印度、巴基斯坦、斯里蘭卡等地的歷史及風土人情，是瞭解和研究海陸絲綢之路的珍貴歷史資料。

隨着隋唐的統一，中國經濟重心的南移，中國與西方交通以海路爲主，海上絲綢之路進入大發展時期。廣州成爲唐朝最大的海外貿易中心，朝廷設立市舶司，專門管理海外貿易。唐代著名的地理學家賈耽（七三〇～八〇五年）的《皇華四達記》記載了從廣州通往阿拉伯地區的海上交通『廣州通夷道』，詳述了從廣州港出發，經越南、馬來半島、蘇門答臘半島至印度、錫蘭，直至波斯灣沿岸各國的航綫及沿途地區的方位、名稱、島礁、山川、民俗等。譯經大師義净西行求法，將沿途見聞寫成著作《大唐西域求法高僧傳》，詳細記載了海上絲綢之路的發展變化，是我們瞭解絲綢之路不可多得的第一手資料。

宋代的造船技術和航海技術顯著提高，指南針廣泛應用於航海，中國商船的遠航能力大大提升。北宋徐兢的《宣和奉使高麗圖經》詳細記述了船舶製造、海洋地理和往來航綫，是研究宋代海外交通史、中朝友好關係史、中朝經濟文化交流史的重要文獻。南宋趙汝適《諸蕃志》記載，南海有五十三個國家和地區與南宋通商貿易，形成了通往日本、高麗、東南亞、印度、波斯、阿拉伯等地的『海上絲綢之路』。宋代爲了加强商貿往來，於北宋神宗元豐三年（一〇八〇年）頒佈了中國歷史上第一部海洋貿易管理條例《廣州市舶條法》，并稱爲宋代貿易管理的制度範本。

元朝在經濟上採用重商主義政策，鼓勵海外貿易，中國與歐洲的聯繫與交往非常頻繁，其中馬可·波羅、伊本·白圖泰等歐洲旅行家來到中國，留下了大量的旅行記，記録元代海上絲綢之路的盛况。元代的汪大淵兩次出海，撰寫出《島夷志略》一書，記録了二百多個國名和地名，其中不少首次見於中國著録，涉及的地理範圍東至菲律賓群島，西至非洲。這些都反映了元朝時中西經濟文化交流的豐富内容。

明、清政府先後多次實施海禁政策，海上絲綢之路的貿易逐漸衰落。但是從明永樂三年至明宣德八年的二十八年裏，鄭和率船隊七下西洋，先後到達的國家多達三十多個，在進行經貿交流的同時，也極大地促進了中外文化的交流，這些都詳見於《西洋蕃國志》《星槎勝覽》《瀛涯勝覽》等典籍中。

關於海上絲綢之路的文獻記述，除上述官員、學者、求法或傳教高僧以及旅行者的著作外，自《漢書》之後，歷代正史大都列有《地理志》《四夷傳》《西域傳》《外國傳》《蠻夷傳》《屬國傳》等篇章，加上唐宋以來衆多的典制類文獻、地方史志文獻，集中反映了歷代王朝對於周邊部族、政權以及西方世界的認識，都是關於海上絲綢之路的原始史料性文獻。

海上絲綢之路概念的形成，經歷了一個演變的過程。十九世紀七十年代德國地理學家費迪南・馮・李希霍芬（Ferdinad Von Richthofen，一八三三～一九〇五），在其《中國：親身旅行和研究成果》第三卷中首次把輸出中國絲綢的東西陸路稱爲『絲綢之路』。有『歐洲漢學泰斗』之稱的法國漢學家沙畹（Édouard Chavannes，一八六五～一九一八），在其一九〇三年著作的《西突厥史料》中提出『絲路有海陸兩道』，蘊涵了海上絲綢之路最初提法。迄今發現最早正式提出『海上絲綢之路』一詞的是日本考古學家三杉隆敏，他在一九六七年出版《中國瓷器之旅：探索海上的絲綢之路》中首次使用『海上絲綢之路』一詞；一九七九年三杉隆敏又出版了《海上絲綢之路》一書，其立意和出發點局限在東西方之間的陶瓷貿易與交流史。

二十世紀八十年代以來，在海外交通史研究中，『海上絲綢之路』一詞逐漸成爲中外學術界廣泛接受的概念。根據姚楠等人研究，饒宗頤先生是華人中最早提出『海上絲綢之路』的人，他的《海道之絲路與昆侖舶》正式提出『海上絲路』的稱謂。選堂先生評價海上絲綢之路是外交、貿易和文化交流作用的通道。此後，大陸學者馮蔚然在一九七八年編寫的《航運史話》中，使用『海上絲綢之路』一詞，這是迄今學界查到的中國大陸最早使用『海上絲綢之路』的人，更多地限於航海活動領域的考察。一九八〇年北京大學陳炎教授提出『海上絲綢之路』研究，并於一九八一年發表《略論海上絲綢之路》一文。他對海上絲綢之路的理解超越以往，且帶有濃厚的愛國主義思想。陳炎教授之後，從事研究海上絲綢之路的學者越來越多，尤其沿海港口城市向聯合國申請海上絲綢之路非物質文化遺産活動，將海上絲綢之路研究推向新高潮。另外，國家把建設『絲綢之路經濟帶』和『二十一世紀海上絲綢之路』作爲對外發展方針，將這一學術課題提升爲國家願景的高度，使海上絲綢之路形成超越學術進入政經層面的熱潮。

與海上絲綢之路學的萬千氣象相對應，海上絲綢之路文獻的整理工作仍顯滯後，遠遠跟不上突飛猛進的研究進展。二〇一八年厦門大學、中山大學等單位聯合發起『海上絲綢之路文獻集成』專案，尚在醞釀當中。我們不揣淺陋，深入調查，廣泛搜集，將有關海上絲綢之路的原始史料文獻和研究文獻，分爲風俗物産、雜史筆記、海防海事、典章檔案等六個類别，彙編成《海上絲綢之路歷史文化叢書》，於二〇二〇年影印出版。此輯面市以來，深受各大圖書館及相關研究者好評。爲讓更多的讀者親近古籍文獻，我們遴選出前編中的菁華，彙編成《海上絲綢之路基本文獻叢書》，以單行本影印出版，以饗讀者，以期爲讀者展現出一幅幅中外經濟文化交流的精美畫卷，爲海上絲綢之路的研究提供歷史借鑒，爲『二十一世紀海上絲綢之路』倡議構想的實踐做好歷史的詮釋和注脚，從而達到『以史爲鑒』『古爲今用』的目的。

# 凡例

一、本編注重史料的珍稀性，從《海上絲綢之路歷史文化叢書》中遴選出菁華，擬出版百册單行本。

二、本編所選之文獻，其編纂的年代下限至一九四九年。

三、本編排序無嚴格定式，所選之文獻篇幅以二百餘頁爲宜，以便讀者閱讀使用。

四、本編所選文獻，每種前皆注明版本、著者。

五、本編文獻皆爲影印，原始文本掃描之後經過修復處理，仍存原式，少數文獻由於原始底本欠佳，略有模糊之處，不影響閱讀使用。

六、本編原始底本非一時一地之出版物，原書裝幀、開本多有不同，本書彙編之後，統一爲十六開右翻本。

# 目録

# 海運志

# 海運志

二卷

〔明〕王宗沐 撰

明隆慶刻本

# 海運志二卷

明善堂藏隆慶刊本

此書明史藝文志千頃堂書目著錄二卷，與此本同。四庫存目作海運詳考一卷、海運志二卷。今檢之，此本則書口題海運志上下卷，而上卷書題則作海運詳考。卷首王世貞序，卷末諸大綬跋，題作海運志。李春芳、潘晟二序及陳繼文跋則不題海運詳考，殆似一書而二名者。四庫本之截然為二書者，殊不可解也。此爲隆慶刻本，豈當時析為二耶？上卷所載海運在元朝及本朝始末，下卷記海運沿革至詳，可補明史河渠志、食貨志之略。此書傳本甚稀，此本卷端有明善堂覽書畫印記及安樂堂藏書記二印，乃怡邸舊藏也。

甲辰得于南海孔氏。戊申正月玉雲四郎張玉藻鑑記

# 海運誌序

不佞廬居中而參政潘君允端以漕海事見𩑛曰是役也今大中丞王公寔司之而公之長齊藩則嘗一精言之業已斷之矣不佞居恒仰屋而歎以天下大矣而卒然而縣與之社稷之至計而無一以能辨

者乃公奮而獨啓其橐鑰何勇也夫目不習二百載掌故則見以爲鑿空身不涉數千里外則見以爲蹈險不覯利之大則詘詘焉而日攻其損不識窮之當變則斤斤焉而奉其故常以此胡輕言漕海也是時大司農奇公策且欲以嘗公

白蹙帑金三萬約以春計入米至十二萬石搢紳大夫睥睨王公作何狀能使無虞於簡書而公所檄募江南舟以其人俱至魚貫受柬約往長風大濤之中衆所股栗搖首者若公親拊循而爲之勉爭先而恐後公所頤指符授又若三老

長年狎海若驅風伯而夙與之相
呼應也大司農嚴公前後大筴亡
弗讐上計當封拜盧守大忠竊嘉
公之績且謀所以示後人集公後
先䟽議成帙而合梓之不佞獲與寓
目焉乃作而歎曰王公所謂社稷
臣者非耶令留侯借前箸蘇客卿

鼓譟賈長沙陸敬輿執筆劉士安
佐之卒何以易此也其所陳漕海
便利古論析秋毫墨守難破已善
乎其言天下大勢也其略曰唐都
秦有險可依而無水通利也有險
則天寶興元乘其便無水則會昌
大中受其貧宋都梁有水通利而

無險可依也有水則景德元祐享
其全無險則宣和靖康受其病
國家都燕北有居庸巫閭以爲城南
通大海以爲池險與水共之而乃
自塞其利者何也都燕之受海猶
憑左臂從腋下取海物也元人用
之百餘年矣梁秦之所不得望也

今與國而聽哺漕河者何也一夫大呼萬櫓皆停腰脊咽喉之譬不可不慮也是疏也即搢紳大夫睥睨王公者有不心折脣噤者乎公前後大疾亡不讎者固預讎之也故曰非常之元黎民懼焉及臻厥成天下晏如也夫連數十萬之衆拒敵於千里之内而

破降之不爲非偉功然猶之乎決疣疽平疢痏漕海以輔河使

國家無憂乎要膂咽喉人一日不食則困七日不食則斃此其功當癰疽疢痏等也元胡人耳舉金臺而付之清瑄輩黄金虎符萬戸以下出入其手召亂偏東南而莫之問清瑄故自以

權利敗然國用足而民不擾失在人不在事也衰季政廢弁髦財賦之地而棄之人主仰吸息賊口而卒與俱敗事與人俱失矣今受事漕海者有如王公及潘君其人不亦得哉顧所以委寄之專否報賞之隆徵鼓舞財成不惑不倦稱毋失事者往

廊廟諸君子而已王公名宗沐字新甫甫强仕歷諸藩臬長有所不可輒投劾歸卧臨海山中著書數十萬言皆談皇王經濟之略

天子異而用之潘君上海人

嘉議大夫山西提刑按察司按察使

吴郡王世貞撰

# 海運詳考序

嘉靖乙丑河淤徐沛

朝廷遣大臣董治鑿石通渠以避濁流運道乃大通利隆慶辛未復淤下邳時有上開膠萊河之議者業遣科臣相度矣中丞歙所王公時居東藩乃抗言曰斯役也在元至元間嘗議開之而尋罷矣殆不可行無已則通海運便矧永樂間已行故道乎遂詳考海運自前代迄

國初始之所以行終之所以罷如何而為利如何而為弊與夫法久變通之宜造舟通運之制考

校區畫纖悉詳明覽者不待其竟而即知其必
可行也守臣上其議
天子以爲是而亟行之海道筆山陳君將梓其議以
傳謁予序諸簡端予惟漕運國之大計也在昔
三代天子公卿百司庶府皆賦其畿内之地以
自給輸將徭使率不越五百里而遥民不勞而
上自足也秦漢而下漕務始興皆視建都以爲
難易漢唐都秦宋都梁當其時宋漕較易漢唐
且其法轉搬江不入淮淮不入汴其力舒矣我
朝定鼎幽燕扼匈奴之吭而拊其背所據形勝視

關中尤為要害惟漕粟仰給東南轉運甚艱永
樂間倣元制由海而運者十有餘年既會通河
開而海運始罷然則海運者固
國家已試之成事也我
國家建都既與元同則漕運安得盡與元背哉即
河道無梗兩運竝輸未為失策而況河患屢作
可不長慮而亟圖之乎夫泥故常而昧變通者
拘攣之見也狃目前而忘遠慮者膚淺之流也
故瑟不更張而鼓鮮不絕絃矣鑑不刮磨而照
鮮不眩物矣自非淵識遐覽之士烏足以語通

變濟時之道哉蓋從必有奇資傅綜群籍而歸
宿心性之學遠臥山中留心經濟於當世之務
靡不研究故一出而能建議紆籌如此譬之莫
邪發硎斷蛟剸兕惟意所向耳行為
國家處大事決大疑以康濟天下如探囊取物此
未足以盡公宏蘊云
賜進士及第光禄大夫柱國少師兼太子太師吏
部尚書中極殿大學士知
制誥
經筵實録總裁淮南李春芳撰

# 海運詳考序

臨海王公束髮登朝問口論事人以為賈生之
才俊劉向之忠藎不啻過之遠矣故自服官以
來剔歷既久所至著勲猷流聲譽巋然為一代
名臣不負其志云往聞公居山中潛心大業每
覽圖經國史載有海運事則撫卷嘆曰此法終
不可罷稍為論說藏之篋笥時人未之見也頃
歲
朝廷下山東撫臣議海運事公適起為左使遂出
其書列為五款凡山海之險夷古今之因革事

體之當行不行應不具載皆裒時山中所論定
者而上之撫臺梁公梁公素負經濟之學一見
語合即聞之
上多見施行矣然公又謫責在總漕大臣而患無人
任之至于靡閣而不舉已乃拜公淮揚巡撫責
領其事若有大數存焉非偶然也于是兵憲陳
君抱其書曰海漕之議相持不決者百餘年矣
至公而後定非公之才之力灼有成算于胷腹
間宜不及此耀文將刻而傳之以暴公之功代
于無窮也乃使人問序于余余海濱人也間嘗

躡屩登山徘徊四顧欲求元時朱萬户所督漕處頗採其事實而識之然往時父老無復在者而余無從質之也公乃考據精傅如此亦難矣邇者徐邳之閒河流變遷淤塡衝決百十餘里以致漕艘阻絶大司農告急此猶人之咽喉閉塞斷其食飲其勢誠岌岌矣使倉公秦越人見之必將別為之處不至執古方書而坐待其斃也今之漕渠固不可廢然歲調丁夫糜費鉅萬校其利害亦當變通即無海運之説不免網羅群策以救其敝況前朝之故道猶存名賢之議

論具在採而用之無不可者何至久而莫之行也公以雄才偉度慷慨任事乃毅然行之以河為經而守其常以海為權而濟其變二者並行如兩手之交應如兩翼之齊飛而緩急足恃此古之通敏疆毅以身徇國之士能之非齷齪腐儒之所能也公非人傑也哉且余聞之秦攻匈奴自琅琊轉輸而至于邊唐征高麗東吳秔稻亦渡遼海元人則自平江開舟直達燕京彼皆跨越千萬餘里而行之不謂其難也今由淮而至天津直三千里帆高風駛信宿可至而顧謂

之難哉或曰予不聞海有三患乎風濤之叵測一也島夷之窺伺二也洲渚之難識三也子何言之易也余曰不然哉夫聖人之世海不揚波何患乎風濤樓船如雲壯士如雨摐金擊鼓自天而下即蛟螭水怪亦為之退縮矣何患乎島夷漁夫蜑子以海為家洲渚縈廻乃其門户何患乎難識即有三患又何懼焉余知公久又辱陳君之委故為序之第衰朽之文無能為公重然公之可重豈在鄙文哉

隆慶壬申二月既望

賜進士出身通議大夫刑部左侍郎在告治生通
郡陳堯拜書

海運詳考

山東布政使司左布政使王宗沭呈爲疏通事

近接邸報見戶科給事中李貴和有開膠河之

疏隨經工部覆題奉有

欽依差工科左給事中胡檟親臨相度竊計

朝廷以邳河近年間多淤塞漕舟不通故欲爲

國家慮至深遠別通一路以防不虞誠大計也該

職查得膠萊河之開始於元世祖至元十七年

七月總管姚演奏事下丞相阿合馬與百官集

議開鑿以鈔萬錠爲傭直仍給糧食世祖從之

十八年九月丞相火魯火孫又奏請免益都濰萊寧海三州一歲賦入折傭直以為開河之用三十一年御史臺言膠萊海道淺澀不能行遂廢而所恃以漕達于京師者惟恃阿八失所開濟州河其後漕臣囊加䚟孫偉言漕海舟疾且便而右丞麥木丁亦言阿八失所開河益少損多是時漕臣忙兀䚟遂招集南人運達萬石與囊加䚟孫偉言合諸臣請用軍驗試遂移阿八失河所用水手及軍萬人船千艘畀揚州省教習漕運以平灤船從利津專事海運而濟河亦

糜夫以元人之虐用其民其開膠萊河史臣稱
其所費不貲而卒無成效固不能強以全盛之
力與河爭利者此其終不可成之明驗也夫邳
河既未能猝通而膠萊又恐不足以濟故以愚
見莫如徑通海運今誠得二萬金以六千金造
船六隻以餘銀募登萊海島居民約船大小每
船須五十人上下以三隻自登州而北至直沽
三隻自登州而南至淮安每船皆給以公文及
齎帶重物到彼處官司交投爲驗還歸登州凡
可往返三兩轉即係海道通行然後通議造船

派運之法悉依元人規制詳見後條銀發海造守巡及海道督造募招每船給一大牌通書船上水手姓名又每人給一小牌俱書年甲籍貫以防改替仍每船給畫工一人以便圖錄標記停泊山崖之名則明年之春即可以所造之船先赴淮安兌運止數萬石如元人初年之例其事之必可成及悉查歷代成算與較量

本朝河運利害俱逐欵開載于後職以為有十二利焉自古建漕以建都為向往漢唐都秦則通渭宋都梁則通汴我

朝定鼎幽燕地勢極北所恃者在邳河一線之路
近又淤塞有識寒心今所費不多而別通海運
兩漕兹輸
國計益足彼不來而此來先臣丘濬固已言之此
國家至深至遠之計一利也漕河身狹閘座珠聯
漕船勢必立幇以防爭越挨守日久則百弊生
而軍食費今海運開洋不必挨幇二利也查據
議單每歲漂流掛欠不下數十萬掛欠由人漂
流由天然即漂流之中論之有人船米俱在者
有人在而船米亡者有船壞而米尚可撈於濕

者情態萬狀報入戶部不過行勘然有司之勘
停與吏書之隱匿有實漂流而以為虛至死積
中而責償不獲有不漂流而以為實各分其利
而虧損在官今海運既通則雖有漂流而無掛
欠而漂流亦不待於勘報稽遲以悮總計三利
也今漕河浙江蘇松常鎮寧國太平共糧一百
八十六萬石每石扣過江米七升共該費米十
三萬二百石而入淮以後遇淺盤剥脚價之費
不與焉今海運既通則過江米與夫盤剥之費
省者不下數十萬四利也漕河運軍兌米已畢

憚於空歸牽挽之勞往往將船鑿沉而逃每歲
計費不貲今海運無船將不能歸則沉船可省
五利也宋人運船歸則帶鹽丘濬亦有此論其
事體未敢遽議然今各軍有行糧有賞鈔有安
家今誠通海運舟大而人多許其稍帶南貨免
其抽稅而漸減行糧諸色每歲之省亦不可計
六利也漕河運軍行糧有派在水次隨支者每
每徵收不齊其後改徵本色四五錢不等而官
給不時守候煩艱今通海運則須盡給而後開
幫凡一應料價輕齎月糧等項有司皆不容緩

料理自齊七利也議單浙江江西湖廣隨船耗
米每石至七斗六升其餘道里漸近雖有遞減
輕齎然其費亦不貲矣所以然者爲其行日久
而耗多故也今海運乘風勢甚汛急則耗米亦
可稍議裁節其贏亦多八利也京師王畿四方
走集近者累歲爲行户市買民間負累輔臣曾
形章奏今海運既通百貨合湊則物價稍輕行
户亦寬自成富盛往唐陸贄當德宗之亂以京
師米賤奏請出糶關中爲之價平今
國家承平萬無此理然以貨推米則深計者所不

糜九利也遼東孤懸餉饋甚艱往年災荒

天子為之宵旰東顧海運既通則遼東緩急可餉如

洪武三十年故事十利也歷朝漕運皆率顧募

而惟

本朝用軍歷朝漕運率皆轉搬而惟

本朝直達軍無更休而直達路遠在途更時牽挽疲勞還家未煖席而官司已點再運矣今海運既通則每行五皷開船而巳時即泊每歲止春初入冬而夏盡即休疲困亦蘇十一利也冬運之時軍弊百出盜賣侵尅甚或官軍俱逃其有

軍市而官不知則拖欠之官在刑部獄者往往
相比也今海運自開洋之後欲盜而誰與為十
已盜而逃將焉往十二利也
國家承平二百年矣私憂誠不勝惓惓頃歲久臥
林下頗考其詳茲輒因膠萊之議用布始末以
仰慰
廟堂不惜帑費為
國家建長遠不拔之盛心此係元人與
國初已享之成利猶之耕熟田也而管見迂疎又
以為萬萬必可成就所有考據利害詳悉俱載

後條伏惟
鈞臺賜裁擇焉倘可轉聞再加酌議見之施行則
宗社幸甚職愚無任仰望昧冒之至

計開

一海運在先朝始末

查得海運之說倡自唐咸通中議而未詳至宋
神宗熙寧七年京東路訪察鄧潤甫等言山東
沿海州郡地廣豐歲穀賤募人為海運山東之
粟可轉之河朔以助軍興詔京東河北路轉運
司相度卒不果其後元世祖至元十九年伯顏

思滅宋時載圖籍由海之事以為海運可通乃
請于朝遂命上海總管羅壁朱清張瑄等造平
底海船六十艘運糧四萬六千餘石從海道至
京師然艱行海洋沿山求嶼風信失時明年始
至直沽朝廷未知其利是年十二月立京畿江
淮都漕運司二仍各置分司以督綱運每歲令
江淮漕運司運糧至中灤京畿漕運司自中灤
運至大都二十年又用王積翁議廣開新河然
新河候潮以入船多損壞民亦苦之於是罷新
開河頗事海運立萬户府二以朱清為中萬户

張瑄為千户忙兀䚟為萬户府達魯花赤二十四年始立行泉府司專掌海運增置萬户府二總為四府二十五年内外分置漕運司二其在外者於河西務置司領接運海道糧事二十八年又用朱清張瑄之請併四府為都漕運萬户府二止令清瑄二人掌之其屬有千户百户等官分為各翼以督歲運至大四年遣官至江浙議以嘉興松江秋糧并江淮江浙財賦府歲辦糧全充運海漕之利至是始博而到京者已三百萬有餘矣初海運之道自平江劉家港入海

經揚州路通州海門縣黄連沙頭萬里長灘開
洋沿山嶼而行抵淮安路鹽城縣歷西海州海
寧府東海縣密州膠州界放靈山洋投東北路
多淺沙行月餘始抵成山計其水程自上海至
楊村馬頭凡一萬三千三百五十里至元二十
九年朱清等言其路險惡明年千户殷明略又
開新道從劉家港入海至崇明州三沙放洋向
東行入黑水大洋取成山轉西至劉家島又至
登州沙門島於萊州大洋入界河當舟行風信
有時自浙西至京師不過旬日而已視前二道

為最便云但風濤不測糧船漂溺者間亦有之然視河漕之費則其所得盖多矣歷歲既久弊日以生水旱相仍公私俱困疲三省之民力以充歲運之恒數而押運監臨之官與夫司出納之吏恣為貪黷脚價不以時給收支不得其平船户貧乏耗損益甚兼以風濤不測盜劫覆亡由是歲運之數漸不如舊至正元年益以河南之粟通計江南三省所運止得二百八十萬石二年又令浙行省及中正院財賦總管府撥賜諸人寺觀之糧盡數起運僅得二百六十萬石

而已及汝頹倡亂湖廣江右相繼陷沒而方國珍張士誠竊據淛東西之地雖縻以好爵資為藩屏而貢賦不供剥民自奉於是海運之舟不至京師者積年矣至十九年朝廷遣兵部尚書伯顔帖木兒户部尚書齊履亨徵海運于江淛由海道至慶元抵杭州時達識帖睦邇為江淛行中書省丞相張士誠為太尉方國珍為平章政事詔命士誠輸粟國珍具舟達識帖睦邇總督之既達朝廷之命而方張互相猜疑士誠慮方氏載其粟而不以輸于京也國珍恐張氏掣

其舟而因乘虛以襲已也伯顏帖木兒白于丞相正辭以責之巽言以諭之乃釋二家之疑先率海舟俟于嘉興之澉浦而平江之粟展轉以達杭之石墩又一舍而後抵澉浦乃載于舟海灘淺澁躬履艱苦粟之載于舟者為石十有一萬明年五月始抵京是年秋又遣戶部尚書王宗禮等至江浙二十一年九月又遣兵部尚書徹徹不花侍郎韓祺往徵海運一百萬石二十二年五月運糧赴京視上年之數僅加二萬而已九月遣戶部尚書脫脫歡察爾兵部尚書帖

木至江浙二十三年五月仍運糧十有三萬石入京九月又遣户部侍郎慱羅帖木兒監丞賽因不花往徵海運士誠託辭以拒命由是東南之粟給京師者遂止於是歲此載在元史大略也又考元臣羅璧傳曰璧與朱清張瑄首部漕舟由海洋抵楊村不數十日入京師賜金虎符進懷遠大將軍管軍萬户兼管海道運糧二十四年乃顔叛璧復以漕舟至遼陽洋海抵錦州小凌河至廣寧十寨諸軍賴以濟加昭勇大將軍二十五年督漕至直沽倉潞河決水溢幾及

倉壁樹柵率所部畚土築堤捍之陞昭毅大將
軍王艮傳曰艮遷海道漕運都萬户府經歷時
紹興之官糧入海運者十萬石城距海十八里
歲令有司拘民船以備短送吏胥得並緣以虐
民及至海次主運者又不即受有折缺之患艮
執言曰運户既有官賦之直何復爲是紛紛也
乃責運户自載糧入運船運船爲風所敗者當
覈實除其數移文往返不絶艮取吏牘披閲即
除其糧與鈔運户乃免於破家王克敬傳曰克
敬擢湖南道廉訪使調海道都漕運萬户是歲

當天曆之變海漕舟有後至直沽者不果輸復
漕而南還行省欲坐罪督運者勒其還趣直沽
充斂以謂脫其當年而往返若是信可罪今蹈
萬死完所漕而還豈得已哉乃請計石數附次
年所漕舟達京師省臣從之黃師泰傳曰師泰
江浙行省叅知政事二十年朝廷除户部尚書
俾分部閩中以閩鹽易糧由海道轉運給京師
凡為糧數十萬石朝廷賴焉張思明傳曰初立
海道運糧萬户府于江浙受除者憚涉險不行
思明請陛等以優之因著為令又查得宋史開

載建隆中女直嘗自其國之蘇州泛海之登州賣馬故道猶存至重和元年漢人高藥師者泛海來言女直建國屢破遼師登州守臣王師中以聞詔蔡京童貫共議遂使武義大夫馬政同藥師由海道如金金主與粘沒喝議遣渤海人李善慶女直散覩持國書幷北珠生金等物同馬政來修好詔蔡京等諭以攻遼之意善慶等唯唯居十餘日遣政同趙有開齎詔及禮物與善慶等渡海報聘行至登州有開死會諜者言遼已封金主為帝乃詔政勿行止遣平海軍校

呼慶遂善慶等歸金職惟元人開國幽燕享海
運之利已幾百年其全盛之時固無庸論及至
正之末天下分崩猶能使張士誠運給數年若
夫宋之趙有開馬政又以孫舟鑿空開道由海
往來報命則海道之可通又不待元而始可信
矣

一海運在 本朝始末

查得我
朝洪武三十年海運糧七十萬石給遼東軍餉永
樂五年禮部會官議北京合用軍餉本處稅糧

子粒幷黃河漕運未能周急必藉海運然後足
用即目海船數少每歲運不過五六十萬石且
未設衙門專領事不歸一莫若於蘇州太倉城
內專設海道都漕運使司堂上官於文武中擇
公勤廉幹者以充行移與布政司同各處衛所
見有海船幷出海官軍俱屬提調以時點檢如
法整治奉
太宗文皇帝聖旨運糧的事再議了來說至九年以
濟寧州同知潘叔正言
命工部尚書宋禮都督周長等發山東丁夫十六萬

五千濬元會通河自濟寧至臨清三百八十五
里於是漕舟始達通州十年禮以海船造辦太
迫議造淺船五百艘由會通河運淮揚徐兗等
處歲糧一百萬石以補海運一年之數十二年
平江伯陳瑄等始議原坐太倉歲糧蘇州并山
東兗州送濟寧倉河南山東送臨清倉各交收
浙江并直隸衛分官軍於淮安運至徐州京衛
官軍於徐州運至德州各立倉廒收囤山東河
南官軍於德州接運至通州交收名為支運一
年四次十三年增造淺船三千餘艘海運始罷

遮洋船每歲于河南山東小灘等水次兌運糧
三十萬石內六萬石于天津等衛倉收二十四
萬石內十四萬石連耗折銀六錢俱從直沽入
海轉運薊州倉收其後巡撫侍郎周忱言裏河
民運多失農月請如永樂初令民運於淮安瓜
洲補給脚價兌與軍軍民兩益衛所出給通關
付繳從之宣德八年叅將吳亮言江西浙江湖
廣江西船各回附近水次領兌南京江北船於
瓜淮領兌其淮徐臨德諸倉仍支運十分之四
浙江蘇松等船各本司府地方領兌不盡者仍

於瓜淮交兌其北邊一帶如河南彰德府於小灘山東濟南州縣於濟寧其餘水次做此成化七年都御史滕昭議罷瓜淮兌運裏河官軍雇江船於江南水次交兌民加過江之費視遠近爲差十年議淮徐臨德四倉支運糧七十萬石改就水次兌與軍船名爲改兌每年議派多準其數然不爲常例又查得平江伯陳瑄傳載永樂初充總兵帥舟師海運歲米百萬石餉京師遼東請建百萬倉于直沽尹兒灣城天津衞籍兵萬人戍守舟經海島下令交市人不敢譁兩

便之江陰侯吳禎傳載成定遼時總舟師數萬由登州轉餉海道險遠禎善調度兵食克足未幾召還自此遂罷海運然山東登州衛海船猶設一百隻正統十三年減免止存十八隻歲撥五隻裝運青登萊三府布花鈔錠一十二萬餘斤至遼東餘泊海濱以備海寇弘治十六年又減四隻其十四隻分派湖廣江西各四隻就彼成造浙江福建各三隻每隻解銀五千兩赴部買料成造正德四年題華各布政司每三年徵價解部三府布花准收折色正德五年仍舊打

造嘉靖三年本部議得海船之設本爲裝運布
花防禦海寇今布花已收折色若資此以爲戰
艦恐遇風則奔馳莫止臨陣則重大難旋題請
停罷夫登州船至嘉靖三年而始革遮洋船至
嘉靖四十五年而始廢今漕河淺船亦自海運
四百料鑚風船改造則海運雖罷不行而其餘
規尚有考故職以爲譬耕熟田者誠以
二祖之神謨不可終廢也
一漕運既久勢必變通
查得開國定都必通漕運運法既久勢須變通

故歷代漕法因時改張漢人尚矣唐都關中江淮漕租米至東都陸運至陝而水行至開元十八年裴耀卿始一變而為轉搬自江淮漕者皆輸河陰倉自河陰倉西至太原倉謂之北運韋堅二變迨漢隋運渠起關門抵長安通山東租賦乃絶灞滻竝渭而東至永豐倉與渭合劉晏三變由潤州陸運由揚州簿送至河陰李泌四變為入渭船方五板輸東渭橋遂罷南路陸運牛仙客五變為和糴而其後遂終唐世宋人都大梁初開四河以漕而汴為重開寶八年一變

而為綱運嘉祐三年二變而為造船補卒團本路綱熙寧二年薛向三變而為募客舟與官舟分運元豐五年陳佑甫四變而為汴河量綱崇寧三年曾孝廣五變而為直達綱而亦終宋之世我

朝初仰海運永樂十一年始為海陸兼運繼而為支運為兌運為改兌即今不惟運之在官軍者弊端百出耗折數多而河之漸南徙者決壅不常梗塞為病酌時事之急以求必濟之經舍海運則安所求哉通計河海二運俱不能無利害

然聖人立法不能使天下之純有利而無害惟酌其多寡之分而決其權使不可窮而已河運之利在腹裏無盜賊之警在安流無風濤之險然近年風水之漂流官軍之侵盜歲亦不下十餘萬在户部不過扣羨餘起存各項以補足四百萬之額然直達之曠日持久則軍無寧歲洪河之轉徙無定則期限難必而况侵盜而逃利歸刁奸之手攤派及衆償出在運之人是以官軍交病歲漸凋瘵以職前所述十二利者詳籌度之則利在海行爲多而其所患者不過風濤

之漂没而已行之既久灣泊得地占風順時則
可以保自完歸而每年早定兑期必開洋於首
春之候則又不待規避而猛惡之風濤亦不相
逮矣且又計之今運河之粳見儲於邳州之下
者已三十餘萬而停之二年即使海河二運利
害相當猶當詢求以紓
南顧之憂而又况其利害相十五也伏惟
籌國者幸加意焉
一初尋海道之議
查得海運不行已近二百年固未敢遽造舟載

糧而長往也自閩浙而至蘇松自蘇松而至淮安自淮安而至登州其間雖未直達而本界往來固未嘗乏絶特自登州而至直沽則已絶北海途遥而利寡民或未之常經爾即今春半則自登州發舟尚可南北分行北盡直沽南盡淮安即如前募人造舟可以尋導而驗試之稍涉夏初則但可北行而南向之舟不可發勢須自淮安發舟尋道至登州今登膠之間往往有淮貨則民間小舟未嘗不通故識謂募人初試僅二萬金而足者此也如募人而自有舟則兼給

以其舟之直賚持百給皆應優厚俾欲使人樂於應募而通行凡中道樵梗之處停泊之島悉加摽記往來三數次則即可載糧以試舟為引導可也以試舟之水手分布糧船亦可也又行之二年則人益習其險而糧舟因可雲集故元初止四萬而其後乃至三百萬餘我

朝一統而南運為富即今揚州以及江西湖廣皆仍舊由儀真入河而但以浙江蘇松常鎮寧國太平自海運出則固已一百八十六萬矣自此進退損益惟吾所欲而尚何難之有哉初造試

海船人與費皆不多無庸設專官及估費故不悉道

一海道既通造船通運之議

查得海道前已試驗通行因可造船開運但山東登州頗據海道之中北入直沽而南至淮安約量適均但登州無木舟但可以小試而不可以供載糧登州人寡募但可以初試而不可以足漕數則須於江淮間更造船隻而别選水手此其所當議者一也元初水道稱劉家港在今嘉定縣元末貢師泰則出福寧州我

朝永樂間則漕粟皆頓大倉州見今河清則淮安
爲聚集擬通海運則須定起對之地此其所當
議者二也漕舟既通南貨漸富則盜賊出没勢
不能無故元有仙鶴哨船而國初環海列有備
倭屯戍徼巡之官兵所必脩復此其所當議者
三也運船带鹽始自宋人其後丘濬亦有此議
然於鹽法不無稍礙而運軍航海冒險非有以
稍酧之又無以使之鼓舞而盡其力非鹽則貨
此其所當議者四也河運用軍則各衛自有官
統押故可但以都御史糾繩之而已若海運風

濤官非久習則輒眩吐不支故元人設專官為都轉運司秩正三品而朱清張瑄但加職而不易職此其所當議者五也海行習險必海旁之人故元人雇募水手移置揚州尤須教習而丘濬亦云須募閩廣之人募則有費抑移河運之軍糧以充募乎抑寧教習水軍乎此其所當議者六也河運以近多淤塞故求海運而元人亦以江南諸郡糧充運額如必以淤塞為慮也則湖廣江西淮揚真慶皆在黃河之南以及白糧船祿米倉府部等衙門糧米將并歸海運乎此

其所當議者七也江南海運粟輸太倉開洋此
永樂間故事計亦以避丹陽奔牛一帶淺澁也
幷歸淮安出海則船廠總運皆聚於一處若江
南仍自劉家港太倉啓行則廠官勢必分建此
其所當議者八也海運糧船至直沽交卸元人
於此置廣通倉停頓轉搬各有經費擬令河運
議單桃花淺以北事體或官另設船或雇民經
紀其所當議者九也元人分滎陽等綜為三十
每綱皆設押綱官二員每船三十隻為一綜船
九百餘隻運糧三百餘萬石船戸八千餘戸綜

官以常選正八品爲之此元人全額也今截淮北之糧歸於河運則船之大小與戶之多寡差有節裁此其所當議者十也事當創建則百議俱出規條紛拏必當究盡利害始可以久自十事之外有未詳者俟通行議運之日博采群策以成畫一固不得憚於更張而坐失大計也夫海運之利較著如此而久不及者夫豈狃於河運之安行且憚於更張之煩費哉戶部總司天下之大計而必得在外任事之臣淮漕雖據運道之中樞而未悉登州以北之路談風濤之險

則聽者易容戒首事之端則言者嘗舌然不知
必而狎之自當益習此趙充國所以云屯田必
佳從桃席上過師也不然元人立國固亦有六
宮百司之餉給而自至元以迄至正享其利已
幾百年而雖
二祖之冠絕百代猶不能棄其成功而據其見利故
職謂欲切時務而慮深遠以為足國之資計無
便於此者矣
山東等處承宣布政使司為勘報海道事隆慶
五年九月初十日該本司左布政使王宗沐會

同按都二司及守巡各道議照治體莫先於法
祖須尋已試之規
國計最急於恤民惟求利多之便海中通運始自
元人至於我
朝洪武末年嘗運七十萬石以餉遼左永樂初制
亦運六十萬石以給
京師恭惟
二祖聖明兼之謀臣猛將筭無遺策而乃俯循勝國之途以足漕輸之額者誠以都燕之利在海也猶之都秦則必通渭都汴則必通河方域府掏

勢無異便轉漕之利在海也據其省費則裕民
財速達則紓民力全利所委理有必司是以重
𥨐初規猶踵往轍及尚書宋理巳開濟河猶有
三年一海運之議輔臣丘濬方當全勝尚著彼
不至而此来之文平江伯陳瑄建百萬倉於天
津專收海運江陰侯吴禎調兵食於海上功在
定遼登州海船近𥨐於嘉靖三年遮洋淺船甫
革於四十五載是可見海上遺規𥨐原未久而
濟河方享安流之利則亦無庸及於涉險之途
也邇歲以来河流屢決挑濬艱勤民力殫弊是

以
聖明軫念諫官建言
特遣科臣東臨相視又蒙
兩院忠猷體國用米試行今已二運皆抵天津
是信安流原無壅滯誠使遂行海運利有數端
萬艘並開舟無守幫之苦片帆徑渡糧靡剝淺
之虞一年而但以夏初上運則軍士更番足息
其力一月而可以徑達北岸則乘汛利涉寧用
淹時力既息則奔走不疲時不淹則行糧可省
牽輓於赤日之中運士誠勞矣而海上則臥舟

可濟專仰於行糧之給運士誠貧矣而海舟則餘貨可攜軍士有鑿舟而逃者而海上則逃將焉歸官軍有竊米為市者而海上則市將誰易其他便利未敢悉陳惟是風波可虞人稱最險但令河運不免於漂流豈由颶浪海行則終無掛欠利亦相當且令次勘行新道視般明略所開尤為穩捷誠使不爽汛期自可萬全無失至於沿海衛所連絡犬牙久緣承平漸成廢墜今以海運悉加整齊不惟足護

國漕抑且兼資海禁開此一路拱護

神都北以居庸爲城而南以大海爲池

宗社萬年誠爲至計儻蒙采擇其於法

祖恤民良爲兼得伏乞

本院特爲會

題施行

國計不勝幸甚若夫或多運或少運造船更卒頗

費詳圖或總漕或分漕文武臣工稍應增置此

則事關

聖斷策在

廟謨有非藩服微臣所敢輕議爲此今將前項緣由

理合具呈伏乞
鈞裁施行

# 海運里程

第一程自淮安府開船至八套口共計三百餘里係河道可為一程

第二程自八套口開船至鶯遊山共約二百四十里用東南風一日可到為一大程如風不便九十里可投五丈河又西北一百餘里可投狹口灣泊容船五百餘隻

第三程自鶯遊山起東北遠望瑯琊山前投齋堂島灣泊約四百里用西南順風一日可到為一大程島西面泥灘三里可容船百餘隻

如船多島東北三十里有龍灣口可泊船
百餘隻中間所過水面東北濤落口約一百
九十里可容船十餘隻又東至夾倉口二十
里可容船二十隻迴避望海石又東至石臼
海口三十里可容船六七隻迴避石臼欄胡
家欄曲伏挑花欄又東至龍王口四十里可
容船三十隻迴避黄石欄又東至龍潭二十
里可容船百餘隻迴避木瓜島又東至二十
餘里迴避胡家山以上堪灣泊海口五處應
迴避七處俱用西南風迴避西北東北正北

風其餘滴水口沙灣口二處係西南徑過避
路如遇緊急亦可灣泊
第四程自齋堂島等處開船正東由膠州靈山
島東北望遠勞山前投福島灣泊共約二百
餘里用西南順風半日可到為一大程此島
方圓二十里西南有泥灘二里半可灣船六
七十隻如船多島迤西五十里董家灣闊大
堪灣船三百餘隻中間所過水面東四十里
回古鎮海口可容船三百餘隻迴避梅子嘴
又東至靈山島五十里島西南嘴可容船二

十隻廻避東北正東風島東北鼓樓圈容船
十餘隻廻避正北西北風此處雖可容船不
宜久住又東北至唐島六十里可灣船二百
餘隻避東北正北風廻避露明石又東至小
青島五十里可容船三十隻避正北東北風
又至董家灣六十里廻避捉馬嘴以上堪灣
泊海口五處應廻避三處俱用西南風避西
北正北東北風
第五程自福島開船東二里廻避老君石遠望
田横島約一百五十里用西南順風為一大

程半日可到此島方圓三十里可灣船二百餘隻如船多島東北十里有闌落灣容船二百餘隻中間所過水面東北由小管島六十里可容船二十隻又東由大管島十里可容船十餘隻又東至田橫島七十里以上堪灣泊二處廻避一處餘有淮口港可容船十餘隻係背路遇緊急亦可灣泊

第六程自田橫島由青黄島遠望槎山前投玄真島灣泊共約四百餘里用西南順風一日可到為一大程島東西長五里遇北風灣南

回遇東風灣北圈可容船百餘隻東北岸下
水底三孤石傍多隱石該廻避過船多島迤
西五里朱家圈可容船百餘隻又西五里宋
家圈與草島前可容船五六十隻中間所過
水面東十二里闊洛灣容船二百餘隻又東
至楊家溝港三十里可容船三十餘隻又東
至十里廻避劉家嶺又東至草島嘴三十里
可容船五六十隻又東至青島三十里西圈
可容船十餘隻又東至黃島三十里西南灘
可容船十餘隻又東北至宫家島三十里可

容船三四十隻又東徑過蘇島直至玄真島
朱家等圈一百五十里迴避朱家圈西栁蒲
與沙嘴玄真島西嘴與島東岸三孤石以上
灣泊六處廻避五處其餘行村寨馬公島與
何家馬頭乳山寨上港口及靖海衛北張濛
島皆是背路去處如遇緊急亦可灣泊迴避
靖海排义石裹島娘娘廟嘴
第七程自玄真島開船稍放洋行東轉杵島嘴
北過城山頭西北望威海山前投劉公島灣
泊二百四十餘里用南風為順風一日可到

爲一大程容船六七十隻如船多島邏西十里威海東門口教場頭塢口可容船三四百隻中間所過水面東至鎮鄉島西頭季家圈三十餘里可容船二三十隻避東北東南風南三里廻避礬石又東三里鹿島可容船一二十隻避北風與東風又東七八里廻避凹屋港又東十五里廻避墨石島又北十餘里廻避楊家墳又北二里廻避餓狼鴟石又西北四十餘里養魚池可容船二百餘隻避東風與東北風又東北二十餘里黄埠嘴可容

船一百餘隻避東北與北風又東南一里廻
避成山頭又東七八里廻避殿東頭此二處
稍險須放洋遠避過此轉西三十餘里駱駝
口圈裏東岸下可容船七八十隻避東北風
又西三里李叢嘴可容船二三十隻避西北
風又西十五里椰夼海口可容船五六十隻
避西北東北風又西七八里廻避青鷄島與
鷄鳴島相聯水底礁石又西直至劉公島一
百里廻避島東南礁石嘴又西六七里黄泥
崖可容船二三十隻又西六七里沙嘴兒可

容船二三十隻俱避東北正北風又西二里
小黃島裏口可容船三十隻避四面風又西
十里衛東門口教場頭塢口灣船四百隻避
西北風以上灣泊十處廻避十處其餘寧津
所西北嵓山海口尋山所西南青魚灘家鷄
汪皆是背路去處如遇緊急亦可灣泊
第八程自劉公島開船西北十餘里廻避王家
嘴又西十餘里廻避靖子嘴又西十餘里廻
避小杵島遠遶嘴西南遠望芝罘島灣泊共
約二百餘里為一大程用東風東北風為順

風半日可到島東西長二十里東頭迴避賊子嘴圈又西去口婆婆口可容船一百餘隻避北風西北風又西三里迴避宅窠如船多島迤東三十餘里崆峒島前可容船二三十隻迴避東南沙港又北二里夾島可容船六七十隻避北風中間所過水面迤西一百四十里養馬島東抦上老鴉港可容船三四十隻避西北風又島西頭迴避煉石嘴又轉島裏龍王廟前可容船二三百隻避西北東北正北風又西北五十里係崆峒島又西三十

里係芝罘島以上灣泊四處廻避六處

第九程自芝罘島開船西六十里過龍洞直西遠望長山島西投沙門島灣泊共約一百八十里為一大程用東南風一日可到島東南汪周圍二三里可容船一百餘隻避西北東北正北風如船多島迤東南六十里新河海口可容船五六十隻口外不宜住船口裏避四面風中間所過水面西六十里八角嘴可容船六七十隻避西北正北風又西五里廻避龍洞嘴又西五十里廻避四石又一二里

入劉家汪海口可容船一百餘隻避四面風又西二十里廻避灣子口東北沙港又西二十里廻避抹直口金嘴礁石又西三十里入新河海口廻避觀音嘴石西北四十里廻避長山島東南嘴沙港又西十里係沙門島以上灣泊三處廻避六處

第十程自沙門島開船西南遠望三山島約二百餘里計為一大程用東風為順風半日可到島南面黑港可容船三四十隻避北風中間所過水面南三十里廻避大石攔又西六

十里桑島前面可容船五六十隻避東北西
北正北風廻避島東北二處礁石又西四十
里㟂屺島廻避島東西北三處礁石島南宋
港可容船四五十隻又西四十五里廻避半
攔礁石又西十五里係三山島以上灣泊二
處廻避四處
第十一程自三山島開船過芙蓉島直西投大
青河口灣泊共約四百餘里計為一大程用
東風與東北風為順風一日可到可容船五
百餘隻避北風與東北風中間所過水面西

五十餘里芙蓉島廻避東沙滧轉西南一百可
容船四五十隻避東北風又西五十餘里廻
避虎頭崖與東北碎石又西五十餘里廻避
海倉口椿木閘石又西一百一十里係洱河
口河口外有沙嶺船難進泊又西四十餘里
係小清河船難進泊以上灣泊二處廻避三
處還有三處小河口俱不堪灣泊
第十二程自大清河開船投大溝河約一百六
十里用西南風一日可到為一大程可容船
一百餘隻如風不便六十里投降河可容船

二百餘隻又至大沙河三十里可容船十隻五十隻靠北岸有沙崗廻避以上灣泊三處廻避一處

第十三程自大滿河開船投大沽河灣泊約二百餘里可容船二百餘隻如風不便七十里投乞滿河灣泊可容船一百餘隻俱無廻避其桑句河窄小不堪灣泊

自淮安府起至張家灣止海道水程共計三千四百五十里

# 海運題疏

欽差總督漕運兼提督軍務廵撫鳳陽等處地方都察院右副都御史臣王宗沭謹

題爲河變迭出漕運日艱懇乞

聖明議復

祖宗成法廣餉道以備不虞以紓旰憂事據管理漕務右叅政潘允端徐州兵備副使馮敏功海防兵備副使陳燿文會呈奉臣劄付前事督同淮安揚州二府知府陳文燭徐尚查得遮洋總先年原領南直隸淮大等六衛北直隸德州等九

衛官軍俱免運山東河南糧米叁十萬石內陸

萬石於天津倉二十四萬石於薊州倉各上納

其船雖稱遮洋止涉海三十餘里即抵薊倉程

途不遠今議海運以南糧自淮安出海達天津

計程三千三百餘里非曩昔遮洋之比止宜特

設海運一總至於糧米非就近撥派則起運不

便船隻泝海遠涉利在乘風非堅整巨艦不可

以赴洪濤非高大蓬桅不能以任風力而駕船

之人非沿海衛所習見海波者不能駕使所據

應運漕糧合無將附近淮安揚州二府共該糧

二十萬一千一百五十石每年盡數坐派以正耗六百石零用船一隻共船四百二十六隻外裝𣏌總運官船十隻細估合用打造木植等項工料每隻計該銀三百七兩零及查原屬遮洋總下淮大等六衛官軍為數原少又有事故缺補不足領運應將額免淮揚二府糧米江北揚州總下通州鹽城二所浙東總下寧波台州溫州三衛浙西總下紹興衛下江總下太倉鎮海二衛各濱海地方官軍撥湊定擬仍照遮洋舊規每船用軍十二名然各軍固是生長海濱但

淮安迤北直抵天津一帶原非素所經涉止令
各衛所每船派撥旗軍九名仍將原船餘下軍
人行糧月糧銀兩盡數和雇每年於淮安山東
地方雇水手一千三百八名每船分配三名攔
頭執柁以足十二名之額其海運把總細訪江
北衛所並無堪充官員似應就於原委試運山
東各衛所官員內推舉庶幾用得人等因到臣
據此案照先准戶部咨前事該戶科都給事中
宋良佐題稱乞將遮洋議復以圖海運仍要廣
集衆思裁定歸一之說該本部覆議遮洋一總

議革未久所當亟為查復兼宜訪求海運故道
以備緩急近據天津管倉員外郎胡杲揭報山
東撫按差委靈山等衛指揮王惟精等五員各
駕海鶻船一隻每隻裝米四百石水手八名工
價一百兩自淮安開船沿海灣泊計四十日至
天津告驗交卸回還等因觀此則淮安海道似
有可通但未經有山東撫按具題凡所經由道
路及防護官軍必須查勘停妥又遮洋一總其
名雖存然先時止渡天津海口不過八九十里
自嘉靖年間又於內開一小河以抵薊鎮今歆

一旦涉海運餉須另造船隻撑駕水手併坐派
某處漕糧通應漕司拘集各總悉心計議具題
前來方可通行會議恭候
命下一面備行漕運總兵巡撫等官先將遮洋一總
照舊議復原額其海運船隻水手及坐派糧米
等項作速計料又海道係山東地方一面移文
彼處撫按細加查勘經由道路果否通行防護
事宜有無素備速行議處明悉具
奏以憑會議
上請

宸斷等因又准本部咨爲勘報海道事該山東巡撫
都御史梁夢龍巡按御史張士佩各題稱勘試
海道先差掊揮王惟精等運米二千石自淮安
入海至天津交卸後差鎮撫宋應期等運小麥
一千二百石自膠州入海至天津上納中間程
途不遠運行便利乞要循行傍海潰道以備海
運該本部覆議恭候
命下移咨漕運總兵都御史即將近便地方漕糧量
撥十二萬石以上作速運赴淮安如各處赴底
儀兑運事體矖揚乾潔務在四月以前趂東南

風柔始便利涉工部即動支節慎庫銀一萬五千兩差官觧送漕司轉委各兵備等官分投雇覔堪用堅固海船裝載前項漕糧其多寡悉照山東二次委官運過則例不得過多以致遇風難于轉柁此書冊所載海人喫緊之語一面選委督運把總及千百戶等官管轄旗軍兼同慣熟水手駕運其雇覔水手銀兩暫于淮揚商稅內動支一萬五千兩如商稅銀兩不勾前數即將淮揚等府所貯撫按贓罰湊補後不為例其領運把總指揮等官若一年無欠者漕司即從

優賞奬薦二年無欠者仍聽特薦破格超陞各
項差撥防範事宜開載未盡者俱聽漕司與山
東撫按等官臨時悉心計處可徑行者徑自舉
行應奏
聞者具奏
定奪等因節經題奉
欽依備咨准此又准山東巡撫都御史梁夢龍咨稱
查自淮安起至天津止共計三千三百餘里内
或口岸或島嶼可以灣泊去處或礁石或淺灘
應該迴避去處俱設立標記及精選慣熟水手

四百名分發糧船指引海道分委官員海防等
項事宜開款咨行前來該臣一面酌量派撥近
便地方隆慶六年應運漕糧淮安鳳陽二府每
府三萬石揚州府六萬石共一十二萬石雇募
海船選委指揮千百户等官管轄旗軍兼同慣
熟水手由海運納俱已齊集候夏初遣行及一
面督行各運糧把總赴淮計議緣各官交糧回
遲恐致誤事隨行管理漕務糸政及徐海二兵
備道公同淮揚二府掌印官逐一悉心酌議去
後今據前因該臣會同提督漕運鎮守淮安地

方總兵官保定侯梁繼璠巡按直隸監察御史
張憲翔議照
國計之有漕運猶人身之有血脈血脈通則人身
康漕運通則
國計足此固古人立國不易之軌也我
朝河運幾百六十年法度脩明通行無壅夫何近
年以來事久弊生千瘡百孔又以黃河泛濫漂
流數多而深憂遠見之臣始有扼喉不達之慮
矣以故都給事中宋良佐職長該科目擊時弊
有此論列欲復遮洋一總以通海運討遮洋止

是一程稍椋海面本非放洋遠涉然揆本官之
意不過欲聚已散之船復建一總以行海道為
國家備長遠不窮之法爾查得遮洋總原糧三十
萬石至嘉靖四十五年因給事中胡應嘉建議
停革將軍船分派各總之下今既經宋良佐特
見深憂欲設此總誠於漕政
國計大有裨益且經各道府會議僉同相應通行
擬議開立條款通請
聖裁且發
帑雇募今歲既已試行則派糧造舟明歲自當定

運河海並輸
國計更裕自此
聖明足食之慮稍可少紓矣夫自平江伯開濬會通
河以來海運之不講已久其後科道之條陳鄉
會之策試名臣之著書欲舉行者不一而足然
卒莫之能用也近臣備員山東嘗條斯議而適
巡撫都御史梁夢龍經濟抱才忠誠體
國毅然以米試行底績無壅事獲
上聞恭遇
陛下聖明英斷輔臣慨張

廟謨遂出

帑銀委督漕司募載而今四方始知海道之可通

行矣然議立於剏見之時則群情未信而法後

於久廢之後則不免更張故今縉紳之慮不過

云海上風波爾風波在海三尺童子知之矣然

其事有可言者古語云天不滿西北地不滿東

南故東南之海天下之水之委也渺茫無山則

迴避靡地近南求援則蛟龍窟居是以風波足

畏傳聞可駭昔元人海運之有驚壞以其起自

太倉嘉定而北也若自淮安而東引登萊以泊

天津則原名北海中多島嶼可以避風又其地高而多石蛟龍有往來而無窟宅故登州有海市以石氣與水氣相搏映日而成石氣能達於水面以石去水近故也北海之淺是其明驗即以舟與米行於登萊因其曠達以取其速而標記島嶼以避其患則名雖同於元人而利實尊其便易佐河運之缺計無便於此者然此猶舉時宜之緒綸而非臣條議之初圖若語其全則有稍進於是者而其說有三一曰天下大勢二曰都燕專勢三曰目前急勢漢不遠引請以唐

宋之事明之唐人都秦右據岷凉而左通狹滑
是有險可依而無水通利也有險則天寶興元
乘其便無水則會昌大中受其貧宋人都梁背
負大河而面接淮汴是有水通利而無險可依
也有水則景德元祐享其全而無險則重和宣
和受其病若
國家都燕北有居庸巫閭以爲城而南通大海以
爲池金湯之固天造地設以拱衛
神京
聖子神孫萬年之全利也而乃使塞不通焉豈非太

平之遺慮于此臣所謂天下大勢也夫三門之險天下之所謂峻絕也然唐人裴耀卿劉晏輩百計爲之經營者以彼都在關中故也粟不能飛則途有必由是三門者秦都之專路也若夫都燕則面受河與海矣一河自安山涉汶濟即今之會通河一河自淮入汴入衛而俱會于天津然終元之世未嘗專河而專于海者彼以夷陋紛擾終歲用兵固無暇于事河也彼又以爲河亦間有不如海者入閘則兩舟難並是不可速也魚貫逆遡一舟壞則連觸數十舟同時俱

糜若決則又甚焉是不可避也一夫大呼則萬
艘皆停此腰脊咽喉之譬先臣丘濬載在衍義
補者是不可散也若我
朝太平重熙累洽主於河而協以海自可萬萬無
慮故都燕之受海猶憑左臂從腋下取物也元
人用之百餘年矣梁秦之所不得望也此臣所
謂都燕專勢也黄河西來禹之故道雖不可考
然不過自三門而東出天津入海是腹雖稍南
而首尾則東西相衡也至宋時直瀸大名則已
稍南矣我

朝弘治二年決張秋奪汶入海是其首猶北向也
乃今則直南入淮而去歲之決闞家口支出小
河近符離靈璧則又幾正南矣自西北而直東
南途益遠而合諸水益多則其勢大而決未可
量也故以漢武之雄才尚自臨決塞王安石之
精博且開局講求河之為立國病詎直今日然
哉且如去年之漂流大臣之與
國同休及小臣之有志於世者聞之有不變色者
乎夫既不能不變色於河之梗而又不能無難
色於海之通則計將安出故富人之造宅則旁

啓門馬防中堂有客而肴核自旁入也此臣所
謂目前急勢也臣誠愚淺如該科條議慮之應
熟豈其肯誤
聖明風波係天數臣亦何能逆覩其必無然臣以爲
趨避占候使其不爽當不足以妨大計故敢緣
科臣建議而詳布其愚所有
請銀造舟張官改額皆係更革統乞
聖明采擇
勑下該部查議施行俟其行之稍久官軍習肯不妨
漸加至數十萬使黄河無梗或欲即以此舟河

運亦不虚費惟意所欲復久廢而足儲蓄誠於
國計至急且切不當復憚惜更費以失久遠之利
臣不勝戰慄待罪之至緣係河變迭出漕運日
艱懇乞
聖明議復
祖宗成法廣餉道以備不虞以紓吁憂事理未敢擅
便為此具本謹題奉
聖旨該部知道隨該户部尚書張守直等會議覆題
前事開立前件議擬
上請定奪等因隆慶六年三月二十一日具

題二十三日奉
聖旨依議行欽此
計開
一定運米查得隆慶六年分奉例量撥海運漕糧一十二萬石原因試行為數頗少不成一總規制今且造船實運自應定撥額糧以便徵兌合無每年俱以近便淮安揚州二府歲運兌改正糧二十萬一千一百五十石為額盡派海運以復遮洋一總之數除隆慶七年已有截留缺船糧米二十

二萬六千五百八十石七斗六升聽備支運外其自隆慶八年以後俱行淮揚二府各將領糧先期徵收完足漕司於正月終旬調集各該官軍赴淮拜募攔頭柁工水手領駕海船坐定近使水次如揚州府屬儀真通泰如皋海門泰興江都七州縣糧米運於府城河下高郵興化二州縣糧米運於本州河下淮安府屬山陽清河桃源邳睢宿沭鹽城寶應九州縣糧米運於淮安城外河下安東海州贛榆三州縣係海

船必經之地糧米就於本州縣河下各取便交兑以上漕糧俱責成各該管糧官押同糧里就以隨糧原徵水脚銀兩雇船裝運定限二月終旬齊到前定地方户部管倉主事督與官軍對船交兑開幇以免入倉煩費如有過期者照依議單無糧事例參究若二府地方遇有災傷改折悉聽臨時撥派附近鳳陽等府糧米湊足前數以為定額而鳳陽等府水次則當坐於泗州庶為便益伏乞

聖裁

前件臣等看得都御史等官王宗沭等題稱海運漕糧除隆慶七年已有截留鉠船糧米二十二萬六千五百八十石有零聽備支運外其隆慶八年以後要將淮安揚州二府歲運兑改正糧二十萬一千一百五十石作為定額運赴各州縣近便河下限二月終旬聽管倉主事督與官軍對船交兑違限參究若二府遇有災傷臨時撥派鳳陽等府湊足

額數一節爲照海運糧米原議先爲少
運以後漸次加添今漕司欲將淮揚二
府原運之數作爲歲額分定水次就令
管倉主事監兌無非先事處分以便起
運之意及查江北漕糧原係兩淮巡鹽
御史兼理奉有專
勑其前項海運錢糧似應就便一體責成所有前因
通應題
請恭候
命下移咨漕運衙門除隆慶七年海運糧米已經題

留折運外以後年分如果海運便利即自八年爲始每年額坐淮揚二府原運兊改米二十萬一千一百五十石嚴行各該掌印管糧官依期徵收完足督同糧里就於隨糧水脚雇船裝載悉照原題分定水次俱限二月終旬到齊聽候兼理漕務巡鹽御史督與官軍對船交兊開幫如有違限及米色粗惡等弊悉照議單事例參究若遇二府災傷萬不得已方臨時另議撥派湊足原額伏乞

聖裁

一議船料照得每年定派海運漕糧二十萬一千一百五十石以正耗六百石零用船一隻共船四百二十六隻外造裝把總運官共船十隻通共船四百三十六隻臣先行道府各官拘集匠作及有海船之人從公估計每隻先除裝水幷什物等件約虛二百石外實止裝糧六百石合用木植等料該銀三百七兩零臣恐多開隨委造船廠幷料先造樣船一隻據開用過料銀三

百九十兩適臣移駐揚州催儹糧運彼時親率漕務叅政潘允端海防副使陳耀文及知府等官徐尚等詣船驗看咸謂板植堅厚釘艌緊密規制頗整足駕三十年方行改造臣思旗軍領駕則視為官物終比民船不同若限以三十年一造不無過久且海洋行使又非老船可支風浪則海船當以十五年為改造之限乃得適中臣查海運雖自淮安發行前船若於淮上打造木植入壩不便且清江衛河二廠自有應

造年例船隻即常年買木召匠打造尚且
不前合無酌派產木湖廣廠打造二百隻
專委督糧道參議劉翊督理其餘二百三
十六隻在於集木儀真地方設廠專委海
防道副使陳耀文督理各該催工官員聽
二道自行選委務如前式堅緻其有速壞
者責在二道湖廣木植等料價比儀真稍
賤每隻量減銀四十兩實該銀二百五十
兩共銀五萬兩儀真造者每隻仍給銀二
百九十兩共銀六萬八千四百四十兩二

項共銀一十一萬八千四百四十兩臣查
前項海船每隻比河船多裝糧二百石是
海船一隻抵河船一隻半共抵河船六百
五十四隻合將各衛所額船數內查其漂
流者照數免其造補即以各船料價打造
海船計算前船內清江廠造者該扣三百
九十隻每隻料銀一百一十四兩五錢七
分零共銀四萬四千六百八十二兩三錢
浙江廠造者該扣一百五十隻每隻料銀
九十二兩共銀一萬三千八百兩下江廠

造者該扣一百一十四隻每隻料銀九十
三兩一錢二分四釐共銀一萬六百二十
六兩二錢以上通共該銀六萬九千九十
八兩五錢俱應於清江抽分幷浙江布政
司及蘇州府歲額軍民料價解用但船未
及號料價無徵先儘臣前題漕庫收貯河
工贓罰等銀借足三萬兩及借動清江廠
寄庫抽分年例正造大料銀三萬九千九
十八兩五錢湊用備行浙江等司府各候
前船及號改造之期扣解料價補還尚有

不敷銀四萬九千三百四十一兩五錢臣
又查今歲浙江改折糧一十二萬六千石
該扣減存軍行糧月糧抵料賞鈔共銀一
萬六千二百四十七兩八錢八分湖廣改
折糧一十萬六千一百三十二石六斗五
升該扣本省減存軍月糧抵料銀三千六
百兩幷前折內該扣應給各衛旗軍行糧
銀五千一百八十四兩共銀八千七百八
十四兩又河南布政司未解班匠銀六千
六百九十九兩零俱係正額造船之數均

應催解此外仍少銀一萬七千六百一十
兩六錢二分別無區處必須暫為借用方
克完造乞
勑該部再加查議准將廬鳳巡按御史例解贓罰銀
六千五百兩兩淮巡鹽御史贓罰銀九千
兩并臣巡撫例解贓罰銀二千兩及借備
賑府州縣贓罰銀一百一十兩六錢二分
湊足料價待候漕運積有減存等銀補還
起解仍乞轉行湖廣浙江河南各巡撫都
御史嚴督布政司掌印官勒限查將前項

行糧等銀刻期徵完湖廣銀兩就彼收貯
聽臣找解湊造海船二百隻浙江河南二
省俱各解淮發造緣此銀皆係扣定必用
之數一面先將在庫不拘何項銀兩借解
以濟造船一面徑追前銀補還原項其湖
廣分造船隻完日幷辦桅篷什物責差原
造官員暫撥附近衛所減存運軍撑駕仍
量給月糧以資食用及行沿途稍添人夫
挽拽務限明年二月以裏到淮庶不誤運
事完通將用過工料錢糧造冊

奏繳稽考再照今議打造海船前數雖開至十一
萬之上但海船所用之料即河船免造之
銀殊非新增額外之費其不足者又漕司
折糧之内扣出支用而所借者不過一萬
七千餘兩贓罰耳然臣又計之河船清江
廠十年一造浙江下江二廠五年一造而
今海船則十五年一造是又抵河船㸃半
多矣即今加費一萬七千餘兩而所省又
該銀二萬一千餘兩
國家開一百六十年久廢之海運而簡省若此誠

輸運之便途也伏乞

聖裁

前件臣等會同工部左侍郎趙錦等看得都御史王宗沐等題稱議造海船四百三十六隻酌派湖廣廠産木地方打造二百隻儀真集木地方設廠打造二百三十六隻共該料銀一十一萬八千四百四十兩算抵河船該扣清江浙江下江三廠料銀六萬九千九十八兩五錢不敷之數查將浙江湖廣本年折糧

減存所河南班匠等銀三萬一千七百
三十餘兩催觧應用此外仍少銀一萬
七千六百一十兩六錢乞於撫按及廵
鹽衙門贓罰動支足數務期各造完足
限明年二月以裏到淮通將用過錢糧
造冊
奏繳稽查一節為照渉海輸糧全頼船隻堅固先
因海運創行倉卒造船不及議令暫雇
一年俟後另行打造但所用工料必先
設處完備方得臨期無誤今漕司議將

應用價銀除各廠扣下河船料價及造
折減存糧料班匠等銀外尚少銀一萬
七千餘兩要將撫按等衙門贓罰動支
湊補及查贓罰銀兩原係題
准解部濟邊額數實難別項留用但打造海船事出
創始較之別項不同合無姑准借支以
便急用其應解彼處銀兩於內查數陸
續扣留所有具題前因相應題
請恭候
命下移咨總督漕運及湖廣浙江應天巡撫各都御

使專委糧儲道參議劉翾督責湖廣廠委官打造海船二百隻每隻議定價銀二百五十兩及委海防道副使陳耀文督責委官於儀真設廠打造海船二百三十六隻每隻議定價銀二百九十兩先將漕庫河工贓罰及清江廠寄庫年例料銀共借六萬九千九十八兩五錢分發二廠支用候於各廠扣下船料及浙江等司府扣解軍民料價抵補其三萬一千七百三十兩八錢八分暫將在

庫堪動銀內借支即將各衛減存及旗軍行月糧銀賞鈔并河南班匠銀兩如數補還不敷之數即照原議派定數目於撫按巡鹽等衙門贓罰銀內動支一萬七千六百一十六兩六錢湊用候於通州坐糧廳查扣一分解淮銀兩補償以前船隻各照發去式樣如法打造務要板木堅厚釘艌緊密照例將委官匠作姓名刻鑿船尾其在湖廣造完者兼辦蓬桅什物暫撥附近衛所減存運軍

量給行糧責令原委官員限二月以裏
到淮漕司即將二處新船查明印烙如
有板薄釘稀侵費料價等弊從重問擬
併將經管官員一體參究仍令經造員
役領回不堪船隻另行造補自後各船
俱以十五年改造一次永為定規事完
將支用過工料價銀造冊
奏繳青冊送户工二部查考再照海運事宜打造
船隻關係最重其所用價銀委宜先期
定議但運務見在經理比來若果有成

效可為經久至計即照所議施行倘事
勢未見萬全亦宜斟酌務使前項船隻
不致妄費伏乞
聖裁
一議官軍照得海運糧船四百三十六隻合
坐派衛分定撥旗軍領駕查得原有遮洋
總下淮大等六衛及通州鹽城二所浙江
寧波紹興台州温州直隸太倉鎮海陸衛
俱係邊海地方其人習知海事相應摘撥
分領前船定擬淮安衛三十隻大河衛五

十隻高郵衛三十隻揚州衛五十二隻長淮衛三十隻泗州衛三十隻鹽城所一十八隻通州所二十隻寧波衛三十隻台州衛二十隻溫州衛二十隻紹興衛三十隻太倉衛三十八隻鎮海衛三十八隻俱倣照遮洋舊規每船用軍十二名然猶恐各軍雖是生長海濱但淮安迤北直抵天津一帶原非素所經涉況駕使海船惟欄頭一人執柁二人最為要緊又必須久慣行海者方能不懾合無止令各衛所每船撥

軍九名就將每船餘下軍人三名應支行
糧月糧銀兩盡數扣觧每歲漕司於淮上
及海州等處雇水手八百七十二名山東
雇島人四百三十六名分配每船二人執
柁一人攔頭便於趨避以取足十二名之
數待後各軍習熟海道漸次减雇仍將原
軍撥補及照臣於今歲募船三百隻已分
為六小總以平定寧靜安全為號派令原
運山東各官分攝以行今既實運自應照
遮洋事體設把總一員以便統束請乞

勑下兵部再加查議將山東原運

題過有名各官如千户韓禮鎮撫魯礦百户孟得

賢等五員內推一員量陞都指揮體統准

充海運把總仍鑄給關防一顆以便行事

其領幫官俱委山東原運各官率領島人

赴淮給與行糧起運中或有缺聽臣於屬

下沿海衛所選補以上把總運官待有成

效俱照户部原題事理陞擢各該衛所止

委指揮千百户押軍至淮交割免其入海

自願者聽至於各船軍士內有怯弱不慣

行海者許以原支行月糧添湊自行僱募熟識海道的實之人代替回貨之利替者得之惟求海道得人各押軍官審無錯誤聽從其便行之既久習者益多且大約每歲二月盡開兌三月半開洋四月盡到天津九月半可以完歸悉如洪武二十七年事例休息日多人將爭赴矣再照造船必有槍蓬什物在河船原係旗甲自辦今海船新造必須官為全備而所用銀兩亦應設處臣查前項海船四百三十六隻算抵

河船六百五十四隻共計領軍七千三百五十六名內除撥出海運五千二百三十二名分派每船十二名駕運外尚有餘下軍人二千一百二十四名內淮安高郵長淮泗州四衛各一百八十名大河衛三百名揚州衛三百一十二名通州所六十名鹽城所五十四名俱每名月糧銀二兩八錢八分行糧銀一兩一錢二分寧波紹興二衛各一百三十五名台州温州二衛各九十名太倉鎮海二衛各一百一十四名

俱每名月糧銀四兩八錢行糧銀一兩五錢通共該銀一萬五十五兩四錢俱應每年扣支以充前費合無轉行浙江應天廵撫都御史督責各衛所掌印官預期造冊送赴有司關領差官解淮聽給各船置辦捴蓬什物應用如或不敷臨時再行酌處補足今歲海船初造相應逐件全辦以後年分止是稍加添置幷每年修艌工料即以前扣糧銀似為足用若有餘積專備海船限滿復造料費不得別項支銷伏乞

聖裁

前件臣等看得都御史等官并宗沐等
題稱海運糧船四百三十六隻均撥淮
大台温等一十四衛每船照遮洋舊例
用軍十二名摘撥三名扣解糧銀添雇
水手等役即將原委試運千户等官韓
禮等准充海運把總仍給關防以便行
事其領幫官員於山東原領各官抒沿
海衛所選補及稱海船蓬桅銀兩將筭
抵河船餘下軍人扣解行月糧應用若

有多餘專備復造料費各一節爲照糧
船海運經涉風濤其把總官軍必須沿
海衛所取用而攔頭執柁等役亦須雇
募慣習海道之人今欲照前已定糧船
坐派淮大等衛旗軍領駕及扣取餘下
糧銀雇覔水手人等幷置辦蓬桅等項
又將試運官員充補把總議處已詳相
應依擬題
請恭候
命下移咨總督漕運及巡撫浙江應天各都御史自

隆慶七年為始查將海運旗軍如淮安高郵長淮泗州四衛每衛坐定五百四十名每年輪撥三百六十名各駕海船三十隻大河衛坐定九百名每年輪撥六百名領駕海船五十隻揚州衛坐定九百三十六名每年輪撥六百二十四名領駕海船五十二隻通州所坐定三百名每年輪撥二百四十名領駕海船二十隻鹽城所坐定二百七十名每年輪撥二百一十六名領駕海船十八隻

台州温州二衛每衛坐定三百三十名每年各輪撥二百四十名各駕海船二十隻寧波紹興二衛每衛坐定四百九十五名每年各輪撥三百六十名駕海船三十隻太倉鎮海二衛每衛坐定五百七十名每年各輪撥四百五十六名駕海船三十八隻以上各衛所每船旗軍十二名内摘撥三名支取行月守糧鮮貯淮上海州等處雇募水手島人分配各船執柁二名攔頭一名使知海道

趲運與各船蓬桅器物號衣旗幟等並
海運餘下軍人各照南北地方斟給行
月糧則例各該巡撫督責各衛掌印官
預期造冊送赴有司關領差官解淮收
貯聽給各衛買辦蓬桅等項如或不敷
聽漕司臨時酌處自後年分照舊支解
專備修艌工料及添置什物等費如有
餘剩存積漕庫候復造船料支用其總
運官員本部移咨兵部查將山東原運
題過有名如千戶韓禮鎮撫魯鑛百戶

孟得賢等五員内推陞海運把總一員照例以都指揮體統行事仍咨禮部鑄給關防一顆以便遵行至于領幫官漕司查於山東原運各官及沿海衛所選用其海運各衛止委千百户一員管押旗軍赴淮交割即許回衛伏乞

聖裁

一議防範查得海運既通米船來往商賈漸集則他盗之防所宜預加料理除淮安迤東雲梯關地係海船出口彼處原有額設

備倭官軍五百餘名係屬東海把總管轄
往年春汛之期聽本官調度操守并遊南
各沿海地方臣於起運之日嚴行各加意
防範外惟自出淮安海口經行山東北直
隷一帶地方海洋遼闊已經臣移文山東
天津巡海司道等官責令各該備倭守禦
等衙門申嚴防護派土島之船指引開行
其在船應用軍器漕司仍動支漕銀置辦
軍器每船斬馬刀四把火藥二十斤手銃
四把弓二張箭二把長鎗四根給領隨船

防備運回交庫再照山東沿海係糧船經
行之途至於天津遼東係海船入口之地
交卸糧米督發剥船催儹回空俱係櫛比
牙犬之地防備盜賊尤須加意統容臣備
咨行山東撫按悉心議處可徑行者徑自
施行應奏
請者徑自奏
請務在兵防振餙旁伺潛消以不誤大計伏乞
聖裁
前件臣等看得都御史等官王宗沭等

題稱糧船自出淮安海口經行山東直

直隸一帶地方已經行移巡海司道責

令各該備倭守禦等官申嚴防護仍令

各船置辦刀鎗火藥等物及稱一切防

備盜賊要行山東撫按悉心議處以杜

不虞各一節爲照海運糧船出口入口

凡所經由地方必須加意隄防方爲有

備所有漕司具題前因相應依擬恭候

命下移咨漕運衙門嚴行山東天津各該巡海司道

凡遇糧船起運責令沿海備倭守禦等

衙門申嚴防護及坐定土島小船途沿
占候指引開行仍移文山東撫按查將
糧船入口交卸起剥去處其一切防備
事宜務要悉心議處小則徑自施行大
則奏
聞區處漕司動支庫銀每船置辦應用兵器火藥等
項悉照原議數目給發候運回查明交
庫以備下年領用伏乞
聖裁
一議起剥查得海運糧船若進天津河口則

港底失膠淺除米太徑直外若米遇淺處
已經移文户部酌定俱用剝船起剝自天
津至石土二壩每糧百石給與水脚銀二
兩九錢就於本幇輕齎銀兩動用乞
勅該部轉行天津管倉河西務鈔關各主事遵照自
今為始每年凡遇海運糧米船到天津海
口各該領運官具呈管倉主事移文查取
河西務剝船照前議定水脚剝運糧米前
赴石土二壩交卸轉般進倉上納其各船
隨糧輕齎銀兩聽臣酌量分别差官由塈

起解係給剝船水脚者交與天津管倉主
事係完糧應用者交與通州坐糧員外各
就彼支用若有餘剩給散海運官軍以資
回南伏乞
聖裁
前件臣等看得都御史等官王宗沭等
題稱海運糧船若進天津海口須用剝
船轉運至壩每百石議給水脚銀二兩
九錢其輕齎銀兩先期差官由陸路起
解交送天津及通倉坐糧廳各委官收

候起剥完糧應用一節爲照隨糧輕齎
專備盤剥交糧等費今議彼處差官由
陸路起解聽候各項支用委應依擬題
請恭候
命下劄付天津管倉主事凡遇海船至天津海口官
旗具呈到倉即移文河西務鈔關主事
查取剥船照依原定脚價給發船户轉
運糧米前赴石土二壩原運官旗照常
進倉交納其各該輕齎銀兩漕司於海
運允完之日差官由陸起解酌量剥船

脚價若干交與天津主事收支其餘盡
起送通倉坐糧廳收貯儘給完糧之外
照例扣出一分餘散官軍以資回南伏乞
聖裁
一議回貨查得海運旗軍柁工水手冒險轉
輸比之裏河常運不同然常運每船許帶
土宜四十擔令海船赴納難容帶載若已
卸糧回南似無妨礙乞
勑該部再加查議合無每船許帶貨物八十擔聽便
貿易回淮以示優恤仍聽天津管倉主事

每船給與裝帶貨物數目照票一張免其
納稅但不許夾帶私鹽及醃臘鹹物并違
禁硝黃鐵器如違定行從重治罪伏乞
聖裁
前件臣等看得都御史等官王宗沐等
題稱海運旗軍冒險轉輸比之裏河常
運不同議於完糧回淮之日每船許帶
貨物八十擔以示優恤仍令天津主事
給票免稅不許夾帶私鹽違禁等物各
一節為照議單事例裏河糧船許帶土

宜四十擔今海運勞苦似宜倍加優恤
所議回空船隻許令帶貨八十擔委為
不費之惠相應依擬恭候
命下劄付天津管倉主事於海運回南之日許各軍
旗收買土物每船八十擔取具貨物數
目給票一張免其納稅如有夾帶私鹽
及硝黃鐵器諸凡違禁等物即行從重
治罪原物入官不得寬縱伏乞
聖裁
一崇祀典照得海運肇行舟泛大海所畏者

惟蛟龍風雨考之五行蛟乙木也而寄位辰風巽木也而寄在巳二者性皆畏金此五行相尅厭勝之術如先臣劉基輩未嘗不講也況是類是禡文著於詩夫舉大事動大衆而又安可無神道設教以壯人心臣謹於海口建立海神廟以鐵鑄而以雞釁每歲船將發則禱之仍每船奉一小像以行緣前廟既建看守必須專人發運必有祭祀乞

勅該部查議合無行臣每年令山陽縣於里甲定編

經費銀三兩買辦豬羊祭品每歲開船漕
司親行致祭仍行該縣於均徭内編僉門
子一名常川看守以防傾圮伏乞
聖裁
前件臣等看得都御史等官王宗沐等
題稱糧船泛海每畏蛟龍風濤議於海
口建立海神廟宇行令山陽縣每年買
辦祭品致祭開行及行該縣編僉門子
常川看守一節為照山川海瀆之神每
歲崇祀亦

國典所不廢者今海運既行議於海口立廟祭禱無非祈保糧運之意相應條欵恭候
命下移咨漕運衙門查於海口空閑地方建立廟宇一所鑄一海神每年開船之日行令山陽縣動支里甲銀三兩買辦豬羊祭品漕司督率把總官旗親行祭禱仍令各船奉一小像隨行其在廟看守人役該縣於均徭內編僉廟户一名應用毋令傾圮伏乞
聖裁

欽差總督漕運兼提督軍務巡撫鳳陽等處地方都
察院右副都御史臣王宗沐謹
題為恭報海運糧船啓行事案照先准户部咨為
勘報海道事節該本部題移咨漕運總兵都御
史即將近便地方漕糧量撥十二萬石以上作
速運赴淮安務在四月以前趂東南風柔始便
利涉工部即動支節慎庫銀一萬五千兩淮揚
商税一萬五千兩俱差官解送漕司雇覔堪用
堅固海船裝載前項漕糧仍選委督運把總及
千百户等官管轄旗軍兼同慣熟水手駕運赴

倉等因題奉
欽依備咨到臣該臣會同提督漕運鎮守淮安地方
總兵官保定侯梁繼藩遵奉
明旨一面將前漕糧十二萬石坐派近便淮安府三
萬石鳳陽府三萬石揚州府六萬石運赴淮安
常盈倉收貯聽允一面將工部原發銀幷淮揚
二府商稅等銀分發蘇松兵備副使蔡國熙海
防兵備副使陳耀文及淮揚二府掌印官雇募
堅固海船三百餘隻加修完備一面調取山東
原委試運各官率領慣熟海道水手島人三百

名及各衛所旗軍與原船梢工水手俱齊集淮上臣於閏二月二十八日將正糧十二萬石行委管常盈倉戶部員外郎吳應台會同參政潘允端監督有司官吏與運官交兌完足將各船分爲六小總以平定寧靜安全爲號每號管運正糧二萬石分定衛所鎮撫千百戶魯礦汪士弘莊重韓禮楊萬春孟得賢等統領於三月十八日自淮安發遣相尾開行由海赴納復委山東撫按原送青州府通判江化鰲沿海押尾催行直至天津交割事本創始區畫頗煩繩約規

模麤稱完備觀人心之奮整應萬全之可期内
除耗米輕賫脚價等項俱仍由河路解運外緣
係恭報海運糧船啓行事理爲此具本題
知
題爲飛報海運抵岸事本年六月初十日據海運
把總韓禮呈報海運船陸續幫正糧一十二萬石
俱於五月二十九日陸續全抵天津等因到臣
案照先爲恭報海運糧船啓行事該臣會同提
督漕運總兵官保定侯梁繼璠遵奉
欽依督募海船調取山東原委識運各官率領慣熟

海道水手島人及衛所旗軍與原船柁工水手
將原派正糧一十二萬石船三百餘隻分爲陸
小總以平定寧靜安全爲號每號管運正糧一
萬石派定各官統領於三月十八日自淮安發
遣開行具本題 知去後今據前因看得海運在
本朝不行已一百六十餘年矣於去年四月內原
任山東左布政使因膠河之議曾詳考前朝治
華始末與其必可行者條列一十二利冊呈山
東撫按官處時群聽騷聞相顧疑駭其後科臣
之撫事而建白撫臣之親歷而試行皆適符臣

言事果不謬因獲
上聞伏遇
聖主神謨輔臣忠猷定擬今歲通運而臣適叨官
漕司奉行
廟略身踐初圖規度發行玆者各遂安全六幫無失
相繼抵岸即今天下臣民始信海運可行以此
與河漕兩途竝輸誠爲
國家千萬年無窮之利緣係飛報海運抵岸事理
爲此具本題
知

海運事宜

一甲號令

按將兵者以號令爲主操舟者以招呼爲先方今海運初行人船新集若無統馭之規必有渙散之失如今歲起運海船三百餘隻編爲六小總以平定寧靜安全爲號分委山東原運各官挨次進發但各船雖嘗行海恐未遠涉中間停泊之處廻避之所風候之占潮汐之度尚未盡知即令立爲號令使各進止有法照管無虞一曰開船凡每總所領之船

分爲五哨開行時中軍先行掌號畢左哨[illegible]
鑼先開次右哨次中哨次前哨次後哨挨序
前進不得攙越把總官仍預先占定風候計
算程途傳諭各船今日可至某島投某處灣
泊止可容某號某官下船幾隻其餘某號某
官下船幾隻另投某島某處灣泊一一遍告
明白不得失誤左哨官仍放起火爲號發一
枝則是共一處發二枝則是分二處發三枝
則是分三處灣泊仍令岸上看守旗燈之人
如果此處容船已滿晝則落旗夜則落燈使

在後船隻另投他處灣泊不得擠集二曰趂
風凡船開行雖遇順風務要相機而進如船
快則帆少張船遲則帆滿起必使緩急得宜
首尾相顧倘或風有不便左哨官詳觀天色
果有變狀即令頭船速擊銅鑼傳示各船以
次挨行尋島迴避但彼時勢必開洋沿海雖
有標記恐一時難以遍見各船仍備五色號
帶左青右白前赤後黑如可投左則前船於
桅上掛青帶投右掛白帶前進掛赤帶後退
掛黑帶船船相繼不得差錯若一時雲霧昏

哨前行未能勢必灣泊標記旗燈難以遠望各船備畫皮燈一盞左哨舉起則右哨中哨前哨後哨挨次齊舉以便觀看設有順風夜行亦照此規三曰防禁凡船一隻水手十餘人每哨數至逾百日用柴水菜蔬不免於所泊之處易買在島嶼不得作踐遼人在海濱不得欺凌市肆如違重治領運官仍於糧兑上船之日即時分倉印記每船專定水手一名看守敢有磨動封條印記盜出升合及與島嶼遼人近海居民知情交易者併罪及之

一重事權

按今議海運南起淮安北達天津登州寔為

居中要地宜

命重臣於此經畧海道兼理軍務仍須淮楊天津三

兵備道地方聽其節制巡察海道副使應兼

理糧運備倭都司應改叅將兼管海道糧運

各增入應轄地方請給

勑書以隆事權其膠州犴唐頭寨二處宜設把總分

地提調各衛所司寨墩港

一互稽查

按海運重務付之於運官防護事宜責之於將領互相稽察不可不嚴在運官即於開船之先則查守帆守柁之人止泊之時則查守猫守纜之人泊船處則查所領船幾隻有無盡到如船少幾隻撓於其哨見在其處灣泊如船多幾隻係其哨下攙入在内一一挨日查明登記在簿送把總官類查足數若有疎虞不明則罪在把總哨官及照各船經過即墨文登登州地方三路把總例該護送然恐虛應視為泛常領運把總官即置號票每船

各給三張上書某字號某哨官下船幾隻於某月日時過某處地方該營官兵護送出境訖票付所送之人繳把總處收查本營仍置號票每一哨給與一張上書某營把總某人於某月日時有某字號下某哨官管運船幾隻入境於某月日時護送出境應該某營官兵接送訖填票付哨官繳運糧把總收查候事完類報以憑稽考

一理兑運

按海道猶碁枰也運粟猶手較也元人海運

自劉家港開洋故江南之粟悉輸太倉

國初仍元故事今擬自淮安海運亟應議將其省其府之粟輸于淮安聽漕運衙門料理若不先議定譬之奕者具枰几上手較之事尚長矣至天津交卸亦宜有專官料理焉

按海船初造并每年添造工料銀兩

一定船式

國初均派各省自宣德至嘉靖年間裁免已盡海船原有一千料又有鑽風四百料元用羅壁造舟名曰海鵰一名海鶻其制龜身蛇首版木堅

厚每船兩旁用大竹幫夾隨帶楸杉梧桐輕
木一不畏礁二不畏沙一任風浪輕浮若隼
翅然以鵰名者言其迅捷有扶摇萬里之義
今歲初所雇淮船名曰海鵰福建白糟船廣
東烏尾船梁高三四丈者更利
膠萊父老云海船底尖入水頗深最忌淺載
如舟堪千石者止載七百石遇風不利則轉
柁為便不然未免失事往來淮安屢有證驗
又云海船全借風力故海運之利以風而其
為害亦以風又云海船之失皆因風打非過

礁則遇淺最要占候迴避諸占候門類及預
備緩急具載別欵通運之初應于淮安天津
揭榜通衢令人人知悉

一慎修理

按海運比之河運不同必須桅篷高大什物
整齊繩纜堅牢修艌完固方可利涉然而事
事既備仍須每船一隻帶柁二管每船十隻
添桅一根以防一時緊急之用總哨官凡於
灣泊去處仍將各船所用物件逐一查驗但
有損壞即行換置寧遲於行毋得疎忽自取

罪咎把總官先將應用銀數具報酌處

一處需用

按海運不行已久沿邊地里俱荒萬一今歲
海運經過急切用物用匠遠覓誠所不便各
該有司軍衛把截等衙門即於泊船去處多
集木匠鐵匠繩匠醫藥柴菜等類預為立市
以待海船交易應用仍將地方竈丁漁戶編
定保甲遞送公文即墨文登登州三營把總
官仍撥小船數隻差人管押在彼聽候以備
糧船一時不虞起剥之用不得臨期誤事罪

坐所司

一募船工

按元人于揚州教習水手丘文莊公亦云然元人用召募今用旗軍海運初行旗軍未慣又一時教習水手不及查得登萊淮揚多有行海之人宜行召募每船參用三五人行令各州縣衛所結送聽用議以工食給之俟一二年後旗軍慣熟另行議處及思行運之初委用宜慎其偏裨把總等官當于登萊或閩廣武弁中遴選素行海洋者以充督部

一嚴海防

按元人海運既通南番貢獻皆倣效而行今通海運預當禁止仍令由中原驛路以迂其行蓋

祖宗有深意云及照得山東沿海雖有二十四衛所行伍逃亡過半餘赴京邊做工海防廢弛已甚將來深有可虞及今宜申嚴巡哨將京班軍人或於近年改借邊班數內量留一枝以實地方以振武備蓋不但有裨海運寔預為海防計云

## 一察潮汐

竊惟潮汐雖天地呼吸之氣亦波濤消長之機舟人泛洋不可不察以南海而言每月二十七日潮生漸長至初一日寅時大潮辰時潮退大潮自初一初二初三初四日漸消至初五日潮落小信潮至十三日十四日潮生子時潮滿丑時潮退長至十五日大潮寅時潮滿辰時潮退十六日十七日十八日大潮十九日漸消二十日小信潮午時滿未時退每月如此東海亦然以北海而言與二海稍

興每月十三日大潮漸長至十七日午時潮滿申時退二十日退潮至二十七日爲小潮二更潮滿寅時退至二十八日又漸長爲大潮至初一日初二日午時長滿未時退初三日漸退初四十二日退爲小潮二更潮滿寅時退週而復始每月如此

一祈神報

按海船起運國計所關經過神祠俱宜設祭把總官於船開之日先祭淮安鎮海金神出八套口祭東海神

過田横島祭田横神過成山祭始皇榭過沙門島祭聖母神入渤海遥祭萊州海神至天沽祭小聖神至天津祭聖母神其所用祭物銀兩如河運事體每船於江北三總一三公費銀内各給五錢四分以資陸續買辦祭品凡祭必把總哨官率領隨船人衆共秉一誠矢心致禱用格

神明運回將用存銀數造冊送查

一明占候

按海道各處地方險易已經指點明白但恐

旦夕之間有風雲之變所據預爲書驗之術

相應指明使各運官水手知所趋避

附八卦時風圖于後

兌
巳午辰戌未
吉寅卯時凶

乾
辰未申巳午
吉寅卯時暴

坤
寅卯巳午
吉亥子凶

坎
辰未寅卯吉申
吉巳午未凶

看定風旗風
從何方來查
驗防避吉凶
先知

離
子丑寅卯吉
辰吉申酉凶

巽
寅卯辰吉
申酉時凶

艮
寅卯巳午吉
辰未時凶

震
申午亥子吉
辰戌丑未凶

臞仙曰凡占風雨必審天時雲氣以驗風雨一

日管上旬二日管中旬三日管下旬月色青黑潤明多雨黃赤乾枯多風又云朔日管上半月望日管下半月又云逐日天色青黑潤明主雨黃赤乾枯主風善斷者當以三旬朔望而觀其大畧以當日而決其風雨

## 占晴門

早起滿天晴　日出漸漸明
早晨霧露雲　晌午日蒸燻
日光明又彩　久晴定可待
暮日光燭天　晴明且又炎
暮看西邊晴　明日主晴明
紅雲日暮起　晴明便可許
夜觀魁斗淨　明日天色正
電光起西南　明日天炎炎
遊絲天外飛　久晴定有期
白虹若下降　惡霧盡消亮
西南北微風　可喜天光晴

## 占風門

魁罡氣白黃
旱閒日晒耳
早白與暮赤
午前日忽昏
午後日昏暈
日月忽然圓
雲掩月不動
返照色黃光
天道忽昏慘
天色赤與黃
黑雲片片生
黑紫雲如牛
雲勢若魚鱗
黑雲北方突
黑雲半開開
雲起亂行急
亂雲天頂絞
辰闕電光飛
連日霧濛龍
星辰若畫見

隄防風勢狂
狂風即時起
飛沙及走石
北方風怒寅
風起須當慎
風来不等閑
風勢如山重
明朝風必狂
狂風時下感
頃刻大風狂
眼底主狂風
狂風急似流
来朝風不輕
暴頭風太毒
大颶隨風至
風勢雜當抵
狂風来不少
大颶必可期
必定起狂風
頃刻狂風變

閃爍見星光　星下風大[illegible]
螻蛄若放洋　大颶必難當
海泛起沙塵　颶風却怎禁
風雨潮相攻　須防起颶風
禽鳥沖霄漢　托風時下見
面頻熱與紅　有雲天即風

## 占風雨

日出卯遇雲　無雨天必陰
日出紅雲暗　東風雨即見
日暮若暗紅　無雨必生風
日暮黑雲接　風雨不可說
朝暮起海雲　東風雨當晨
東風黑雲急　但把雨傾滴
雲暗遇東風　霧霮雨下傾
雲隨東風起　風定雨方止
雲布滿山低　東風雨亂飛
雨過東風至　晚來越添巨
午後遇雲遮　東風夜雨泄
雲從龍門起　颶風連急雨
但凡起東風　雨下必相從

黑雲暮生西
春夏遇陰涼
秋後遇陰熱
西北黑雲生
東南北海響
蝃蝀出自東
斷虹當晚見
電光若亂明
訊頭風不長
滿海起荒浪
烏鰷忽弄波

占
雨門
魁罡潤雲氣
朝霞如墨洒
電光西北起
朝日光燭地
虹見被雲吃
蝃蝀出自西
申後日晒耳
霧露夜不起

丰夜雨風催
雨下把風防
雲雷風雨烈
雷雨必聲訇
風雨漸漸長
無雨必生風
不明天必變
大雨隨風傾
訊後風雨狂
潮隨風雨漲
風雨急如拔

必定雨垂地
細雨紛紛下
定然連夜雨
細雨又然至
當時雨傾滴
明日應雨垂
明日定有雨
來朝必細雨

海運詳考後序

右海運詳考

王公經

國遠猷也夫狃拘攣之見者滯昭曠之橅溺習俗
之聞者持二三之慮故機宜每坐失于常均而
更事者蘊恨于後時矣惟茲海運積貯攸資其
徃代成績
二祖神謨如此考所載可稽也平江以來漸就廢歇
文莊之論竟託空言所謂談風濤而易容戒首
事而嚙舌者非耶公獨毅然議之有以轉聞于

朝
廟堂翕然嘉之得以實效諸用誠萬世一時之隆遇
而常彝鸞列之奇銘者矣夫劉覽以綜今昔大
識也信心以排紛難大勇也適事以戒無虞大
忠也昔屯田之便建自壯侯惟斷之功成于中
立是舉也異代同符而昭發籙帙顧不偉哉雖
然此公施措一端耳宋元通鑑繼司馬以遡獲
麟朱子私抄擬真筌而啓來學夫固其得于心
者然也傳曰有本者如是又曰非常之原厥成
晏如爰併及之用綴末簡

隆慶壬申二月既望

整飭淮楊兵備兼管河道浙江提刑按察司副

使陳耀文頓首拜書

# 海運誌後語

歲庚午黃河奔溢儲運告艱會中丞王公出以從海運便宜議許之頃拜公總領漕輸卒底成績經畧累千萬言具在論疏中恐後事者莫之鏡也類輯成書命忠董梓伏讀而嘆曰大臣之謀國何其豫哉昔文莊公習識今昔之故嘗謂海運不可廢歷數十年竟莫有舉之者豈非以風濤畏人而首事之難任耶先生于漕渠利害權之素裕乃傳攷山川險夷為圖說以窮其要領又舍三沙故道遵淮岱以行較諸國初地近

而勢更不險他如占候標程募兵製舶尤昔人論所未及俾百年相持之議至今始決其設奇濟變可不謂難耶方先生發策時昧者闇成事以為徒侈談耳即身肩之安能若所論也乃先生受命來創制畫法廓然與吏民更始其慷慨自任足以破拘攣之見而服其心豈與鼓頰竊言者類乎先生嘗語人云事不能背時而獨立寅按按劒智者何施乃茲竭忠攄悃際

明天子賢宰執虛己盡下引而寄之重權俾得殫力以成厥功其遇合信亦有不偶者先生於學無

所不闕尤歸宿于性命之旨所謂才與識合運量固有本也書曰不二心之臣保乂王家先生殆其人哉誌凡二卷爲目有四刻成謹識歲月如左

隆慶壬申夏月既望

直隸廬州府知府張大忠頓首拜書